GUIDE PRATIQUE DE PROGRAMMATION SQL POUR DÉBUTANTS.

2

Contenu

4

Qu'est-ce que SQL (Structured Query Language) ?

Un langage de programmation défini appelé SQL, qui signifie Structured Query Language, est utilisé pour gérer les bases de données relationnelles et effectuer diverses opérations sur les données qu'elles contiennent. Développé à l'origine dans les années 1970, SQL est couramment utilisé par les administrateurs de bases de données, les programmeurs qui créent des scripts pour l'intégration de données et les analystes de données qui configurent et exécutent des requêtes analytiques.

Les utilisations suivantes de SQL :

Les systèmes de gestion de bases de données relationnelles (RDBMS) permettent aux utilisateurs de modifier les structures de tables et d'index de bases de données, d'ajouter, de mettre à jour et de supprimer des lignes de données et de récupérer des sous-ensembles d'informations. Ces actions peuvent être utilisées pour le traitement des transactions, les applications analytiques et d'autres applications nécessitant une interaction avec une base de données relationnelle.

Les utilisateurs peuvent ajouter, modifier ou récupérer des informations contenues dans des tables de base de données à l'aide de requêtes avec SQL en plus d'autres opérations qui prennent généralement la forme de commandes.

La partie la plus élémentaire d'une base de données est une table, qui contient des lignes et des colonnes de données. Chaque enregistrement est géré dans une seule ligne de tableau et est contenu dans un seul tableau. Le type le plus courant d'élément ou de structure de base de données relationnelle qui stocke ou fait référence à des données sont les tables. Voici d'autres types d'éléments de base de données :

Les informations contenues dans une ou plusieurs tables de données sont représentées logiquement par des vues.

Les recherches dans la base de données pourraient être accélérées à l'aide de tables de recherche indexées.

Les informations de certaines tables, souvent un élément de ces informations sélectionné en fonction de critères de recherche, sont utilisées pour générer des rapports.

Chaque ligne d'un tableau contient une valeur d'information pour la ligne d'intersection, et chaque ligne d'un tableau correspond à un type de données, tel que le nom ou l'adresse d'un client.

Où est la source de données SQL Server ?

Ouvrez le projet ou connectez-vous à la base de données qui contient la vue de source de données que vous souhaitez utiliser pour parcourir les données dans SQL Server Data Tools. Double-cliquez sur la vue de source de données après avoir développé le dossier Vues de source de données dans l'Explorateur de solutions.

Combien de sources de données SQL sont créées ?

Accédez aux Outils d'administration à partir du Panneau de configuration, puis choisissez entre

Sources de données ODBC (64 bits) et Sources de données ODBC (32 bits). Vous pouvez également exécuter odbcad32.exe à la place. Cliquez sur Ajouter après avoir sélectionné l'onglet DSN utilisateur, DSN machine ou DSN fichier. Cliquez sur Terminer après avoir sélectionné SQL Server.

Instruction SELECT dans SQL Server.

À l'aide d'une terminologie et d'exemples, cette leçon SQL Server montre comment utiliser la commande SELECT dans Transact-SQL.

Description

Pour récupérer des données d'une ou plusieurs lignes dans une base de données SQL Server, utilisez la commande SELECT dans SQL Server (Transact-SQL).

syntaxe

La syntaxe de base de l'instruction SQL Server (Transact-SQL) SELECT est la suivante :

SELECT instructions FROM tables [contraintes WHERE] ;
Cependant, pour SQL Server (Transact-SQL), la syntaxe complète de la requête SELECT est la suivante :

Sélectionnez "TOUS | UNIQUE"
[/TOP (valeur supérieure) [%]
expressions des tables [WITH TIES]
[OÙ les circonstances]
Les expressions sont regroupées par.
(CONDITIONNEL)

[ORDER PAR FORMULE] ; [ASC | DESCRIPTION]

Clause WHERE en SQL

La clause WHERE en SQL

Les enregistrements peuvent être filtrés à l'aide de la clause WHERE.

Son but est d'extraire uniquement les enregistrements qui répondent à une exigence spécifique.

SELECT colonne1, colonne2,... FROM nomtable WHERE condition ;
Remarque : La clause WHERE est utilisée dans les commandes UPDATE, DELETE, etc. ainsi que dans les instructions SELECT !

Afficher la base de données

Voici quelques exemples tirés de la table Customers de l'exemple de base de données Northwind :

CustomerID   CustomerName ContactName   Adresse   Ville PostalCode Pays 1

The Futterkiste, Alfred57 Maria Anders Obere Str., Berlin, Germany, 12209Emparedados and Helados by Ana TrujilloAna Trujillo Avenue of the Constitution 2222 Mexico, DF 05021 MexicoJonathan Moreno TaqueraMexico 4 Antonio Moreno Mataderos 2312 Mexico DF 05023

From Horn to Horn120 Hanover Square, Londres, WA1 1DP, Royaume-UniBerglunds Quick RentalsBerguvsvägen 8 Christina Berglund/.

Les opérateurs de la clause WHERE

La clause WHERE prend en charge l'utilisation des opérateurs suivants :

Opérateur Description Exemple = Égal > Supérieur à Inférieur à >= Supérieur ou égal à = Inférieur ou égal à > Non égal à. Remarque : Cet opérateur peut être écrit comme suit : dans différentes versions de SQL.= BETWEEN Dans une plage spécifique

COMME Faites correspondre un modèle IN pour désigner les valeurs potentielles d'une colonne de différentes manières.

CAS pour SQL Server

Expression CASE simple pour SQL Server

La syntaxe de base de l'expression CASE est présentée comme suit :

Une entrée CAS

QUAND en ALORS rn, puis e1, ALORS r1, puis e2, ALORS r2 etc. AUTREMENT re] FIN

L'expression CASE simple détermine si une expression (ei) dans chaque clause WHEN et l'expression d'entrée (input) sont équivalentes. Le résultat (ri) dans la clause THEN correspondante est renvoyé si l'expression d'entrée correspond à une expression (ei) dans la clause WHEN.

L'expression CASE renvoie la valeur de la clause ELSE (re) si l'expression d'entrée ne correspond à aucune autre expression, à condition que la clause ELSE soit disponible.

L'expression CASE renvoie NULL si la clause ELSE est omise et que l'expression d'entrée ne correspond à aucune expression dans la clause WHEN.

Expliquer les types SQL JOINS avec des exemples

CONNECTE les bases

Les données sont stockées dans plusieurs tables reliées entre elles par une valeur de clé commune dans des bases de données relationnelles telles que SQL Server, MySQL et Oracle et autres. Il est donc parfois nécessaire de résumer les données d'un nombre quelconque de tableaux dans un tableau de résultats. La clause SQL JOIN dans SQL Server facilite cette opération.

Basée sur les connexions logiques entre les tables, la phrase SQL JOIN est utilisée pour récupérer et interroger les données de différentes tables.

En d'autres termes, les JOINS spécifient comment un serveur SQL doit sélectionner les entrées d'une autre base de données en fonction des informations d'une autre source

.

Il existe plusieurs types de JOIN dans SQL Server, notamment INNER JOIN, LEFT OUTER JOIN, RIGHT OUTER JOIN, SELF JOIN et CROSS JOIN.

Types de jointure SQL simples

L'un des nombreux types de jointures proposés par SQL Server est INNER JOIN, Internal JOIN, Crossover JOIN et OUTER JOIN. En fait, chaque type de jointure décrit comment deux tables sont jointes dans une requête. Les autres sous-catégories de jointures externes sont FULL OUTSIDE JOINS, RIGHT

OUTER JOINS et LEFT OUTER JOINS.

- La fonction SQL INNER JOIN joint les enregistrements de deux tables ou plus avec des valeurs correspondantes pour créer une table de résultats.

- Une requête LEFT OUTER JOIN inclut des éléments sans correspondance de la table spécifiée avant la clause LEFT OUTER JOIN dans la table de retour.

- La table de résultats produite par SQL RIGHT OUTER JOIN contient toutes les données de la table de droite et uniquement les lignes acceptées de la table de gauche.

- En joignant une même table à elle-même, la procédure SQL SELF JOIN permet une comparaison ligne par ligne au sein d'une même table.

- La procédure SQL CROSS JOIN crée une table de résultats contenant des paires appariées de chaque entrée de la première table et de chaque ligne de la deuxième table.

REJOIGNEZ-VOUS

Les données des deux tables sont extraites à l'aide de la commande INNER JOIN, qui renvoie uniquement les enregistrements ou les lignes avec des valeurs correspondantes.

Dans notre exemple, nous voulons obtenir des données sur les ventes. Les tables Production et SalesOrderDetail.Product qui utilisent SOD for Sales comme alias pour les détails de la production et des commandes client. Produit. Nous comparons les enregistrements de ces colonnes dans l'instruction JOIN. Remarquez comment SQL Complete gère les recommandations de code.

Exploration et agrégation de données SQL Server.

problème

Lors du traitement des données liées aux transactions stockées dans SQL Server à l'aide de R pour le raisonnement statistique, l'exploration et l'agrégation des données sont deux composants essentiels. L'exploration de données à l'aide de langages de science des données comme R implique souvent le filtrage, la réorganisation, la transformation, l'agrégation et la visualisation des données. Il existe de nombreuses façons d'implémenter ces fonctions. Le traitement des données en particulier nécessite souvent l'utilisation de nombreuses bibliothèques, ce qui oblige les développeurs à apprendre toutes ces bibliothèques. S'il existait un package flexible pouvant agir comme un couteau suisse et effectuer de nombreuses fonctions de transformation de données dans la même bibliothèque, il serait plus facile pour les développeurs novices en science des données de terminer leur travail. Des informations détaillées sur un tel package se trouvent dans ce guide en deux parties.

Solution

Les initiatives de science des données peuvent grandement bénéficier des nombreuses options de manipulation de données offertes par le package dplyr R. Il contient un ensemble de verbes utiles pour nettoyer, organiser, visualiser et analyser des données.

Pour effectuer de telles tâches, le package dplyr du langage de programmation R peut être utilisé. Lorsqu'il s'agit de grands ensembles de données, il n'est pas recommandé de les stocker dans R ; Au lieu de cela, les données doivent être collectées dans SQL Server et traitées à l'aide d'un outil R tel que dplyr.

contour

L'objectif de cette astuce en deux parties est de vous présenter le package dplyr R dans SQL Server et de vous familiariser avec l'exploration, la manipulation et la visualisation de données de base. En utilisant SQL Server et R, nous allons parcourir diverses fonctionnalités de gestion des données de dplyr.

La configuration initiale, la configuration des données, la configuration de R dans SQL Server et les fonctionnalités de base de sélection, de filtrage et de réorganisation des données activées par le package dplyr sont toutes traitées dans la partie 1 de cette série.

Dans la partie 2, nous apprendrons certaines des méthodes dplyr les plus complexes, y compris l'agrégation de données, le chaînage de fonctions et la cartographie d'exploration de données de base.

Résumé des fonctionnalités de la fenêtre SQL Windows SQL Server

Une seule ligne de sortie est créée en combinant les calculs de plusieurs lignes de sortie à l'aide des fonctions d'agrégation.

La fonction d'agrégation SUM() est utilisée dans la requête suivante pour obtenir la rémunération totale de tous les employés de l'entreprise :

Le langage de programmation SQL (Structured Query Language) est utilisé pour sélectionner SUM(salary) sum_salary FROM Workers.
Voici ce qui s'est passé :

Chaque ligne de la table des travailleurs a été fusionnée en une seule ligne, comme on peut le voir dans la sortie.

Une fonction de fenêtre effectue des calculs sur un ensemble de lignes, un peu comme une fonction d'agrégation. Cependant, la combinaison de plusieurs lignes de sortie en une seule ne se produit pas lors de l'utilisation d'une fonction de fenêtre.

La fonction de fenêtre SUM() est utilisée dans la requête suivante. En plus des salaires de chaque employé individuel, la rémunération totale de tous les employés est également déterminée :

POUR prénom, nom, salaire et somme_salaire FROM travailleur ;
SUM(salaire) OVER();
Syntaxe des fonctions de fenêtre SQL

Les fonctions de la fenêtre ont la syntaxe suivante :

Le langage de requête structuré (SQL) est utilisé dans les

expressions de nom de fonction Windows OVER (frame_clause, order_clause et partition_clause).

nom de la fonction de la fenêtre

le nom d'une fonction de fenêtre disponible, par ex. B. SUM(), ROW_NUMBER() ou RANK().

Expression

la colonne ou l'expression cible sur laquelle la fonction de fenêtre opère.

phrase terminée

L'ordre des lignes dans une partition est spécifié par la clause OVER, qui génère des partitions de fenêtre pour créer des groupes de lignes. Les clauses de division, d'ordre et de trame constituent la clause OVER.

La clause de partition qui partitionne les lignes utilise la fonction window. Sa syntaxe est la suivante :

L'ensemble de données entier est considéré comme une seule partition si la clause SPLIT BY est omise. BY expr1, expr2, PARTITION BY... est SQL ou Structured Query Language, langage codé.

Les lignes d'une partition auxquelles la fonction de fenêtre est appliquée sont répertoriées dans la clause order :

DESCRIBE BY FORMULA Langage de requête structuré, "[ASC |

DESC]," [NULL LAST|NULL FIRST] est un langage de programmation.

Un élément de la présente partition est un cadre. L'une des syntaxes suivantes est utilisée pour définir le cadre :

Lignes Frame_start entre Frame_Start et Frame_End dans ARRAY | ESPACE SÉRIES | LIGNES Le langage de programmation utilisé est Structured Query Language (SQL) et frame_start peut prendre l'une des valeurs suivantes :

N PRIOR UNBINDED PREVIOUS est la ligne actuellement utilisée.

La fin de trame est l'un des paramètres suivants dans le langage informatique SQL (Structured Query Language) :

UNE LIGNE APRÈS N SUIT N'A PAS DE LIMITES.

Opérations de date SQL Dates SQL

Tant que vos données ne contiennent que le composant de date, vos requêtes se comporteront comme prévu. Mais lorsque vous ajoutez un élément de temps, cela devient plus difficile.

Types de données de date SQL
MySQL fournit les types d'informations suivants pour stocker une valeur de date ou d'heure et de lieu dans une base de données :

Le format de date est AAAA-MM-JJ.
Le format d'heure pour les dates est HH:MI:SS AAAA-MM-JJ.
HORODATAGE - Style : HH:MI:SS ANNÉE AA ou AAAA-MM-JJ
Pour stocker une valeur de date ou d'heure dans la base de données,

SQL Server propose les types de données suivants :

Le format de date est AAAA-MM-JJ.
Le format d'heure pour les dates est HH:MI:SS AAAA-MM-JJ.
Le format TIMESTAMP pour SMALLDATETIME est HH:MI:SS AAAA-MM-JJ, qui est un entier unique.
N'oubliez pas : les types de date sont choisis pour une colonne lorsque vous créez une nouvelle table dans votre base de données !

Utilisation des dates en SQL
Regardez le tableau ci-dessous :

Commandes Tableau 1 OrderId ProductName OrderDate 2008-11-11 Geitost
11/09/2008 Pierrot 2 Camembert

Mascarpone 29/10/2008 3
Mozzarella di Giovanni 11/11/2008
3 Fabioli

Analyse exploratoire de données Python (EDA) avec SQL

L'analyse exploratoire des données (EDA) utilise des graphiques statistiques ainsi que des méthodes supplémentaires de représentation des données pour analyser les ensembles de données et mettre en évidence leurs principales propriétés. L'EDA est généralement utilisée pour examiner ce que les données nous disent au-delà des modèles officiels ou des tests d'hypothèses, mais d'autres modèles statistiques peuvent ou non être utilisés.

bah, toujours...

L'article

Les données Fitbit sont minutieusement examinées. Les découvertes les plus importantes sont mises en évidence et discutées. Pour l'étude présentée ici, 940 points de données ont été collectés auprès de 33 utilisateurs différents.

En lisant cet article, je veux que vous compreniez la logique et l'état d'esprit derrière l'écriture du code.

Tout d'abord, nous cartographions les minutes et les kilomètres en fonction du niveau d'activité de chaque personne pour avoir une vue générale de son mode de vie.

Pourquoi devrais-je faire une EDA ?

Je pense qu'une meilleure requête serait:

Quand est-ce que je ne voudrais pas utiliser EDA ?

L'EDA est l'une des étapes les plus importantes de la science des données et nous permet d'obtenir des informations spécifiques et des mesures statistiques des données avec lesquelles nous travaillons. Pour une liste illimitée d'utilisateurs, tels que les chefs d'entreprise, les parties prenantes, les data scientists, etc., c'est vital.

L'EDA aide les scientifiques des données à définir et à affiner la sélection des variables de caractéristiques critiques utilisées dans le modèle d'apprentissage automatique non formé.

Nous utiliserons certaines données FitBit dans ce récit pour illustrer notre propos.

Les scientifiques des données, les statisticiens, les scientifiques médicaux, les physiologistes et les psychologues, pour ne citer que quelques domaines de recherche universitaires, s'intéressent à l'étude des données des trackers de fitness. Trouver des corrélations dans des données de séries chronologiques complexes comme celles du FitBit Fitness Tracker peut aider à repérer les tendances de la vie quotidienne, ainsi que les écarts par rapport à ces modèles.

Comment utiliser SQL pour l'analyse des données ?

- Formation SQL pour la science des données
- Bases de SQL à l'étape 1. Vous lirez des bases de données et analyserez les données en fonction de votre cas d'utilisation en tant que data scientist.
- Agrégations à l'étape 2.
- Étape 3 : Trier et regrouper.
- Quatrième étape : rejoindre.
- Cinquième étape : sous-requêtes.
- Étape 6 : Utilisation de SQL pour résoudre les problèmes de l'entreprise.
- Les fonctions de fenêtre sont la septième étape.

OÙ dois-je pratiquer les requêtes SQL complexes ?

Un cours complet sur les fonctions de fenêtre avec plus de 200 exercices interactifs est disponible sur LearnSQL.com. Il fonctionne avec MS SQL Server, MySQL 8 et PostgreSQL.

Que font les requêtes SQL sophistiquées ?

LearnSQL.com - Qu'est-ce qu'Advanced SQL ?

Selon cette réponse, la sélection de colonnes, les fonctions d'agrégation telles que MIN() et MAX(), l'instruction CASE WHEN, JOINS, la clause WHERE, GROUP BY, la définition de variables et de sous-requêtes sont toutes couvertes par Advanced SQL. Cependant, la réponse suivante classe la plupart de ces matières comme élémentaires ou intermédiaires tout au plus.

Comment puis-je rendre mes requêtes SQL compliquées plus efficaces ?

Vous devez optimiser vos requêtes pour avoir le moins d'impact négatif sur les performances de la base de données.

Tout d'abord, déterminez les besoins de l'entreprise.

Au lieu d'utiliser SELECT *, utilisez les champs SELECT...

Évitez d'utiliser SELECT DISTINCT.

Créez des jointures avec INNER JOIN au lieu de WHERE.

Au lieu d'utiliser HAVING pour créer des filtres, utilisez WHERE.

Les caractères génériques ne doivent être utilisés qu'à la fin des phrases.

Utilisation de SQL pour créer un modèle d'apprentissage automatique (ML).

SQL est-il compatible avec l'apprentissage automatique ?

Apprentissage automatique avec SQL

SQL facilite le chargement, le nettoyage, l'inspection et la récupération des enregistrements de relation qui sont courants dans les enregistrements. Par conséquent, que vous mettiez en place un nouveau réseau d'apprentissage ou que vous travailliez sur ETL pour un système existant, SQL est un outil utile et un composant crucial de l'apprentissage automatique.

Combien d'enregistrements sont créés à l'aide de SQL ?

1. Utiliser

2. Sur la page Bibliothèque, cliquez sur Importer des données.

3. Sur l'écran Importer des données, sélectionnez une connexion.

4. Localisez la table que vous souhaitez importer depuis votre source.

5. Pour examiner les colonnes du jeu de données, cliquez sur le bouton Aperçu.

6. Cliquez sur le bouton Créer un enregistrement à l'aide de SQL.

7. Le champ de droite contient maintenant la source modifiée.

Comment un ensemble de données est-il créé pour l'analyse ?

Dans le volet de données SAP, cliquez sur l'icône Business Creator. Sélectionnez ensuite "Nouvel ensemble de données analytiques". Sélectionnez l'unité de données que vous souhaitez utiliser dans cet enregistrement. Cliquez sur l'entité que vous souhaitez utiliser ou utilisez la barre de recherche supérieure de la fenêtre contextuelle pour la rechercher.

Comment un ensemble de données est-il créé pour l'analyse ?

Dans le volet de données SAP, cliquez sur l'icône Business Builder. Sélectionnez ensuite "Nouvel ensemble de données analytiques". Sélectionnez l'unité de données que vous souhaitez utiliser dans cet enregistrement. Cliquez sur l'entité que vous souhaitez utiliser ou utilisez la barre de recherche supérieure de la fenêtre contextuelle pour la rechercher.

Comment les données peuvent-elles être modifiées en SQL ?

Utilisation de SQL Server Management Studio

Pour récupérer les lignes à modifier, vous devrez peut-être modifier l'instruction SELECT dans le volet SQL. Dans la fenêtre des résultats, localisez la ligne qui doit être modifiée ou supprimée. Cliquez avec le bouton droit sur la ligne et choisissez Supprimer pour la supprimer. Modifiez les données de la colonne pour apporter des modifications à une ou plusieurs des données des colonnes.

Que signifie la modification des données SQL ?

La modification des données est fondamentalement différente de la recherche de données. L'examen du contenu des tables est une étape nécessaire dans l'interrogation des données. Afin d'adapter les données, le contenu du tableau doit être modifié. Modifiez les données de votre base de données. soustraire des lignes.

www.ingramcontent.com/pod-product-compliance
Lightning Source LLC
Chambersburg PA
CBHW071040260726
48661CB00007B/3073